Word search for kids ages 9-13 improve spelling vocabulary, and memory for kids!

word searches for kids! This book includes nearly 20 word search puzzles with excellent, educational vocabulary word lists suitable for ages 9, 10, 11, 12, 13 and up. With fun illustrations and the ability to photocopy pages for classroom, day care, or homeschool use, this book is sure to be an excellent resource to be used over and over again.

By abo aouab

N O D A W N F P D G Q M M W S M G O E Y N U
N L R Q E V W G X D A O V X T E D L M P A D
A O I W H Z G A J L U X H Y Q L P I B V E K
T R L N J C R W O W P U E F Z R R F M W V U
R U N N D N L P K D E L E Z U Y M F R W E X
H A T V X A V Q E U L B D P Z V O J P F R D
E N R P X Y G W R O Q O N O D S J W L R H L
W P F D K R Y E W X G C G I E X Q N D R Y Q
S Z J J E B T U H W E G N A R O F V U Z G R
T S Z Y M K Q E I C A X O W A R V K N W R Y
O I B M B B Z A T V S X J O P B N R L E F B
W M L Y Z N Q Q E B D F A C I H S P F W F H
X Y T O O B M E F Z N O F Z N A K Z N Y K X
S D I R I Q P R X X Z G N N K E F I W X C Q
S Z B D X B W B R O W N G Y Z N E Z S N U F
N C D J G Y A Y Z B O X E G Z V C R C X M C
M O F T P J B L A C K X G Q Z O V K G I D Q
Q S Q Q S C D X J Z A F O T S I L V E R Q U
G P P V C C V W V F P B F G G V I O D J L O
Y E E H W X Q S D L A E V C R I M V X X K C
O Z W H L A J M C A J H H V I O L E T Z T F
I O A N M M I C P D N F H B C X S L J B E D

BLACK	PINK	BLUE
PURPLE	BRONZE	RED
BROWN	SILVER	GOLD
VIOLET	GREEN	WHITE
GREY	YELLOW	ORANGE

R M M   N P T

J V H L U Y   G Q Z P K W

P A J V X R E D J   T R I F H C O O K

H W R E S E E L S   E X O L A D O X W

S P H L I D P H N G   T A Y P L O L D O H

H A J Y N I E U M E   W C S Q C I Q F G E

E J L M P L S N B Q U   A F H A T M H A E E V

  J V G U O W Q O G R S I A E O J L P T S D A

    C B B S A O X E O R L R R Z L O B W F N

      H R I C A Y E B P M Z Q C I T

        C T F F O L E B N

      A U G I O N Z P R Z Q N P

    S T T G W A R T I R E V I R D

  Q A O L H F U D N S K R V Y Q M S S M

X C S R T W Q Z V D I V E T E L H T A T A

F H T E N Z M A U O T Z M N U N N J F S Y

W X S R N U S K M Q O R T U V H T U D P I F M

F J A O A P C A A   R A R   V M A P X Y T J N

A Q S N E H H T R   D S D   P B O W Q S N Q E

J R P A L S D E   E V J   I I U G L E T M

F F M U C T A   N V R   L M B N I E Q

  X S T C H   T K O   O X Z C V

    C E W   I I V   T A S

                    S Y B

                    T P P

ACTOR	ARTIST	ASTRONAUT
ATHLETE	CLEANER	COOK
DENTIST	DOCTOR	FARMER
FIREFIGHTER	DRIVER	MUSICIAN
NURSE	PILOT	SAILOR
SCIENTIST	SOLIDER	TEACHER
VET		

Q W F C R D Y Q E X U U Y H S H J Q O R X W
X L H O D Q V J R L X C X U L P U E Y Y N S
M R J Z S T Y E T I G T A G E V Q P Y F U Y
D V J U T A F E X V E D A H A R D R W N P C
K H O F N L T E H I L R Y X U S S H R A Z G
K M R M J F M P E N A D Z K S U Q O C W X C
G N X O H C C Y U G I D A H Y N Y U N V Q M
X L O O S P D P E R J F N U X X L S R D F W
C T G R O O D M M O O R O O F N N E H W H V
H X N D F H J L A O I A S V U L Y J O B O M
F Y Z E F F R O P M O O R H T A B D Q T D M
Q D A B M L W X Q L B R Y G I N N O B Z H I
R M C L T E K C O S R M D L S I U W S L T M
S G F X C L S Q L H Z Q T R W T S L P W H B
Y E S W S I V A R M C U S Q L H N K T S G J
K U J V R N T R B T S M C E I L I N G J I Q
P S F C I A E T P R G H T W R A A G X G L Z
D C C A A L P H A T N X R H W B T K P Z Y T
Q S U R T V A Y C S I R T S X X R L B Y L P
D V P M S E E F R T N Y P X D S U L L Y M I
X Z J J A I P C N H I B B Q W M C I B A A G
O R S F R H D P Z I D K K G I N B O X O W R

ATTIC	BASEMENT	BATHROOM
BEDROOM	CEILING	CURTAINS
DINING	ROOM	DOOR
FLAT	GARAGE	HOUSE
KITCHEN	LIGHT	LIVINGROOM
ROOF	SOCKET	OUTLET
STAIRS	WALL	WINDOW

```
Q  T  O  I                                                      P  L  D  Y
T  A  X  Q  O                                                T  I  O  E  H
D  R  A  Z  I  L                                          I  R  G  S  S  W
I  E  X  S  V  R  F                                    B  A  C  N  I  L  E
   M  S  L  H  C  J  M                              B  R  R  A  F  G  O
      M  T  E  R  R  E  F          A  N  E  K  W  W  Z
         Y  D  S  D  O  Q  W  R  J  K  E  B  K  H
            P  S  L  E  Z  O  G  O  N  G  T  T
               I  O  R  T  E  E  S  U  O  M
                  G  H  C  W  Y  P  T  R
                  O  K  T  P  L  B  A  Q
               R  O  W  P  D  S  L  J  R  F
            S  E  G  U  G  E  R  B  I  L  R  B
         E  A  T  P  L  E  E  S  I  O  T  R  O  T
         G  R  H  S  I  H  U        C  A  T  E  Z  T  J
      Z  U  S  X  M  G  Z           O  F  J  N  C  U  V
   F  Y  I  J  N  A  S              H  U  V  U  P  B  C
   L  F  N  T  F  H                 N  E  T  T  I  K
   U  O  E  I  J                    Y  P  K  C  A
   G  D  A  D                       V  K  I  A
```

CAT	DOG	FERRET
FISH	GECKO	GERBIL
GOLD	FISH	GUINEA
PIG	HAMSTER	HORSE
KITTEN	LIZARD	MOUSE
PARROT	PIG	PUPPY
RABBIT	RAT	SNAKE
TORTOISE		

W M K K B M N J D E C P L C S Q C X Z W R P
M S M B W U U N M P U C O U K F M O G Y E E
K W L W P I W K R T Z N C G T X E B L C H G
K L E P K I S U A R M X A G L B C Y L L T X
W N A R X J K I E H A F F Y N Z U P O Y A C
T F D W G K L P G Z G V E P H N G W G D E R
Z G P N G A D O I X V S T K L Z J Z U X F F
Z B S V S Q H Z B H W T C T W V R K F I B J
T P V O Q O Z R C L V M H O O J V T K A D G
M J P U Z X D I I N E F E P B X Q A R D P X
K R A B Y U I A C V T N K O E L Y H H T D H
A T G N C R A J W X N Y N G W O T Y V J B Y
A Q N A W V P M W H I S K E R S D I U R S Y
I M S T R O K E / P E T W T K Y I B M Q D T
B B J D Y Y O B T Z X A N Q X H S I F U D I
E T V S T A E R T Z G C L A W S C U R Z D Q
N S X U P B Q W S D C E C K E D I Y P O U W
C M L J W C C O W B S M P K J W G B O W L Y
A W B S E A O P K T R G N D I E R L Q P A W
D O S W G H T Q I Q L Z R B P O H S X V R B
O Z K E J M F C Y T F V K G K D Y U A A U S
W U H Z R B Q X D P A W U Y L N P C P Y F T

BARK	BOWL	CAGE
CLAWS	COLLAR	FEATHER
FETCH	FISH	BOWL
FUR	KENNEL	LEAD
MEOW	PET	SHOP
STROKE/PET	TAIL	TREATS
VET	WAG	WALK
WHISKERS		

```
            T S
          R X H J
        U E K I L B
      C I G W P J U N
    K E L C Y C I B H E
  F D N U O R G R E D N U
E H C K M O T O R B I K E V
R A A M B U L A N C E E I A J H
R L R U T R A I N W S R A N P F U M
Y W O M X B F K S O J Q C U O V B Z J A
O W U T A N X P R E T P O C I L E H T W
  O O H C S S N L N R M V E L C B Y K
    K V C A E T O L R J U M Q F F T
      N U Z R E N A L P R I A I M
        A U O T S X K W S X S I
          T Y B W T R P K U N
            W I X A T K B I
              L O R R Y B
                L N I U
                  O S
```

AIRPLANE	AMBULANCE	BICYCLE
BUS	CAR	FERRY
HELICOPTER	LORRY	TRUCK
MINIBUS	MOTORBIKE	SHIP
TANK	TAXI	TRACTOR
TRAIN	UNDERGROUND	VAN

B S G E G A Y U C X X A Z X X B F Z Z Y S E

H T P S L C Z N W B C H U N Q V X Z J Y H N

T R O U S E R S Z F E M C L Q V P E X G I N

L I Q O P A M H E A C V Q O I S A B M R R G

Y H P L Y R L Q S V M V K T X N V K I P T G

I S T B E K Q R T S O V B W S I O C X W M Z

Y - R A N R Z O R A I L V L B Q K X H K D D

V T L S O C K S O Q V K G T O H L X L P N O

R G C F V C K M H D S A Z B E L T I S K D D

W U S M U I S C S C O Z K O D N N S B F J P

U I C K R U W K H M W O F C L K C Q O A E U

T T A T R H S R O G I P P Z N A Y B C Y W P

S F M J U N D E R W E A R A R C L K M A V M

H P R M C T Y V T S K N Z F N C E U L W T A

H A K R W K E U S Z T C A W U T L G I S F F

Q O V N A D T Y K I O O J C B M S E O H S K

B Y E R A P C G U A X M B O O T S E M I N T

S W T M L A Q O J A Y M S Z X U K B M L N S

Y I T S P H E X I S V C T F E W M A Y G S G

H K Q D B U A H G E H M V K R P P L D K S E

U D N C C Z H A T U N T M R A W J P F P K I

D C E U B C B X W N O S R A D C K N Q K U E

BAG	BELT	BLOUSE
BOOTS	BOXER	SHORTS
CAP	COAT	GLOVES
HAT	JACKET	JEANS
SCARF	SHIRT	SHOES
SHORTS	SKIRT	SOCKS
TROUSERS	PANTS	T-SHIRT
UNDERWEAR		

```
                    F   M
                    P   X
            W   I   G   P
            O   Z   T   H
        B   I   K   I   N   I
        O   R   Z   T   G   B
T   K   C   O   S   T   U   M   E   U   V   K   L   A   E   U   T   A   B   N
N   O   T   T   U   B   I   N   S   T   H   G   I   T   M   S   T   K   A   P
    R   A   L   L   O   C   U   X   H   J   A   A   B   E   I   Q   G   S
    V   N   Q   J   Y   H   S   G   P   H   R   V   K   K   I   T
        P   U   L   O   T   E   M   L   E   H   B   S   D   O
        N   O   T   G   N   I   L   L   E   W   R   O
        Z   D   C   F   Q   Y   L   N   I   H   A   B   T   M
        I   M   S   Q   G   A   K   T   U   C   E   E   U   S
        E   N   F   I   S   W   I   M   M   I   N   G   F   K   K   R
        N   G   D   R   E   S   S           F   X   F   R   A   E   V
    H   A   N   D   B   A   G               S   P   O   R   T   S   L
    I   Q   J   O   V                           X   F   C   Y   H
L   L   P   K                                       L   Q   I   K
Q   S                                                       N   G
```

BIKINI	BRA	BUTTON
CARDIGAN	COLLAR	DRESS
EAR	MUFFS	HANDBAG
HELMET	HOODIE	SPORTS
KIT	SUIT	SWIMMING
COSTUME	TIE	TIGHTS
UMBRELLA	VEST	WELLINGTON
BOOTS	ZIP	

```
        M K O N K                                C K L S N
      J Q F M I O B                              S Z Z V Z D W
    D N W H U Z Y O L P                        D I W U S P D Z T G
    D C B G A U N B T G C W                  Y L R A E K R N V O T F
    B L N U S C N H F G T I X              Q H F O C E U C K F E U W
C I Z M A O P S E Z Y F N S G O W R A D O T U N U A S S N O
B G W G H U E V K Q A X D E H X H H Z Q D V Q H M D T R X V
A P B W A M N L L L C C H V Q O D H O V M H T Q O O Z Z U V
D F Z K S O W E C H B D C M G L W S T S D S S Q R O B P O X
K A M T S H N E B I J D P U D D L E A F N G A M X C L L V Z
S T E M O I O W Q K M Z S C C X E Y R F S X E Y G U I I M D
O V L A A E X E W J O Q C L V D I S K W V K R N G U Z M U R
X N A R W S A V Y A S Z O O K Q X F L C L O O K Z A A Z F F
  T M A P A D R F R C U L O M G R D J Y R F F Z P H R C O
  R Z L C O Y I S Q D E A Q K P N M E Z H L K H J M D W S
    V X I I Z K P K X U O A L D D X R X T A C O G U O T
      B O A F G P H W T T W F L G L X L R I L T G N Q
        N V H L M D Y H G H O L E E O W B X E X S L
          E N S G V W U P Y D B Y J W C D L A H Z
          H E G N Q B V W W G N T T O O J R B
          S K Y I C P F E X K I O L W N D
            J E C Z N Y W D V V A X Q R
            T F Z E O S Z D X D R Q
            U O Z E Z E K Q U L
              V T O R N A D O
              Q Z O F V Z
              J W L Z
              M R
```

BLIZARD	CLEAR	CLOUD
COLD	DEW	FOG
FOREAST	FREEZING	HAIL
HOT	PUDDLE	RAIN
RAINBOW	SHOWER	SNOW
STORM	SUN	TORNADO
WIND		

L O O R T G I A F X S Z Y H F U X A S A G O

V X H R O F K I T T E N G V E X F N Z W K M

H U Q O T E R S B M W P O E J T I N G O S D

N C L P I G L E T Z N E A E V V Z U G M F E

J U I M Z B Z B E R O E T J T S A R I B P F

X U U N L N Y U F P N H Z T U C W Q P V M V

T G F B S R Y F U T G S L J R B F Q G J D Z

L E F Q Q Q X W E G X A S N K B A Z I C A C

G F N C A L F D S A M Q U L E U K U S K B J

I C J O G Y U Y R B K N W F Y N L J U P I G

A I A E Q I P T O U L V Z J E C G A U O B C

C P Z A S E Y P H Y Y W G K G S Z M T E R J

J O E Q Z M Q Y U T S O C C M O L A F F U B

H J W R D S E K H P D I X U I F C L F O Z V

R G D Q O S K I W S H T W D P P S L D J A X

T X L G O N C H I C K W S Q C Y B S V S X L

K W G O C V V Y R G S E O F T B Q F Z N D E R

G O G A R V V Y H A H L K Z G I M E U E X Y

G F H F N U C U Z P Y M Z U A N A C Y P Q N

W B S S O U V T O N B D G L X A W S Y T S Z

X Q A Y K K R W H B F E C D U Z B P R H K D

Z U O P X B D C A L G W J L C I N I G H M Z

BUFFALO	CALF	CAT
CHICK	CHICKEN	COW
DOG	DUCK	FOAL
GOAT	GOOSE	HORSE
KITTEN	LAMB	LLAMA
PIG	PIGLET	PUPPY
SHEEP	TURKEY	

```
            Q   F   C
          S   A   B   C   W   F   X   J   T
        T   R   Y   Z   U   I   H   A   M   R   U   P   F
      C   O   N   I   O   P   Q   I   J   Q   R   I   Q   N   U   D   G
    N   E   S   J   X   A   W   D   D   M   T   D   A   Y   J   B   U   C   M
  S   S   P   O   A   A   L   A   P   J   V   O   G   H   W   H   T   D   P   S   G
  L   Y   H   Y   R   Z   G   N   C   J   A   K   H   I   Y   F   C   K   U   C   N
T   O   R   H   F   R           N   Q   X   L   L                   T   W   U   E   N   T
V   I   E   I   F   Q           N   R   M   P   T                   K   R   O   Q   N   E
M   M   A   N   U   R   B   K   X   J   F   P   Y   D   N   G   E   D   C   T   T   X   W   E   X
  P   D   G   E   E   E   R   Y   H   O   E   E   E   A   M   P   A   R   P   D   Z   X   C   T   S
  D   E   X   E   S   U   Z   X   E   B   K   D   C   T   J   C   R   P   G   I   F   K   E   H   E
L   R   C   L   M   D   M   G   E   P   I   R   G   C   W   J   R   U   I   H   C   M   S   A   C   W   I
S   T   R   X   K   Y   C   T   N   L   G   P   A   R   D   R   N   W   K   J   O   J   N   E   O   S   R
N   F   C   X   O   N   F   T   B   O   B   U   F   T   C   K   R   I   I   U   T   D   N   R   Y   R   T
L   M   V   Z       E   U   T   M   T   O   K   W   W   O   T   D   I   H       S   P   Y   F
V   R   I   A       E   C   W   O   Z   W   N   V   C   A   H   E   K       I   G   T   Z
B   M   U   H   T       P   T   H   T   R   C   N   F   K   R   X       W   J   Z   E   J
  A   X   S   V   S                                       P   P   C   O   I
  S   Q   G   D   T   D                                   E   V   L   K   O   I
    L   L   I   P   S   N   A   J   J   B   P   G   B   A   D   S   A   A   P   V   I
      Y   E   A   N   W   X   L   W   V   F   D   P   K   C   E   N   L   Z   U   K   R
        G   E   C   E   A   E   O   R   D   N   X   K   Y   Y   I   X   M   E   P
          O   A   E   A   Y   J   U   G   D   R   Y   H   E   E   R   J   C
            Q   T   D   E   R   Y   D   O   B   Y   Q   A   K
              J   B   A   L   K   P   X   I   T
                H   D   K
```

ARM	BIG	TOE
BODY	EAR	ELBOW
EYE	FINGERS	FOOT
HAIR	HAND	HEAD
KNEE	LEG	LIPS
MOUTH	NECK	TEETH
THUMB	TOES	TONGUE

```
                    R  K  F
              Q  N  S  Q  F  G  D  Q  B
           Y  R  R  E  B  W  A  R  T  S  F  T  C
        W  C  M  T  Y  Z  Y  C  A  T  Q  S  B  A  G  O  L
     E  G  P  Y  O  B  R  R  E  M  N  W  R  G  K  K  L  B  C
  B  D  A  L  P  Y  R  X  O  F  X  S  A  C  H  F  K  X  K  M  Y
  H  I  R  U  B  E  V  I  E  Y  V  J  P  N  U  Z  N  X  H  C  L
O  G  N  A  M  H  S  A  S  U  B  N  Y  G  Y  A  F  N  W  B  L  V  E
X  H  Y  L  C  T  W  V  C  L  U  Q  B  R  Q  I  B  A  N  H  L  F  J
Q  N  J  Z  V  O  W  I  T  E  H  G  J  N  H  R  N  T  J  I  N  Z  N  S  O
W  O  H  I  G  U  B  W  J  Q  F  R  K  V  G  O  E  T  B  S  F  A  E  V  U
S  C  I  X  V  F  K  I  X  V  X  Y  Y  L  M  R  I  B  O  P  M  E  G  E  M
K  S  V  T  J  U  M  Z  K  P  E  P  M  M  E  M  U  Y  P  K  V  K  R  Z  K  U
O  M  C  Y  E  A  H  D  R  A  E  P  W  L  E  R  H  L  C  T  C  A  Q  X  G  Z  Q
S  H  H  Y  P  N  T  A  V  O  C  R  Z  L  F  N  E  M  I  L  P  A  X  V  Z  N  C
G  V  P  Z  S  H  K  F  U  L  Z  O  Y  H  A  A  B  L  E  A  D  L  A  L  P
A  L  M  C  E  H  A  J  G  Z  N  C  D  O  D  V  Y  S  I  Q  J  X  B  S  X
E  R  T  W  A  I  J  Y  R  R  E  B  P  S  A  R  C  O  C  O  N  U  T  U  F
V  Y  F  P  F  Q  B  K  A  M  X  I  M  N  W  A  W  T  D  I  A  X  I
K  C  Z  R  U  X  E  Z  N  E  G  N  A  R  O  H  X  D  E  H  I  P  J
  A  V  I  G  D  R  M  F  O  C  E  A  Y  X  L  P  O  Q  S  A  U
  B  E  C  X  M  X  U  W  W  D  A  O  M  K  A  E  V  D  Y  O  G
     Z  O  D  I  B  H  C  L  T  P  C  J  J  S  L  M  B  G  D
        T  D  B  D  L  D  C  B  P  F  H  X  C  D  Z  Z  K
           M  V  X  U  B  U  L  T  O  R  W  V  R
              C  R  Y  N  E  D  U  R  Q
                 R  G  V
```

APPLE	APRICOT	BANANA
BLACKBERRY	CHERRY	COCONUT
GRAPES	KIWI	FRUIT
LEMON	LIME	MANGO
MELON	ORANGE	PEACH
PEAR	PINEAPPLE	PLUM
RASPBERRY	STRAWBERRY	WATERMELON

W G Z V B C I F S I T T C N B G E C H Z N K
A O K N A N B A D E A K U P Y M I B G P C H
A W G S B I M E L D B O T R M S D E B G T A
W N E K O A K B D I L D Y P K A H S U G J B
R Y O Y J E U N N S E C U Q J Z L W N S A T
E H A A E O L W M D I L V C R W A Q K R K W
Z C P V D G E X H E X D G R J R X T Q E Z C
W O L L I P M A P B E P E N D K D A M W K W
Y N S O F G N N I N A O D R I Y P W O A F K
N G Q X T G K G L J W M O C I S L Z E R X D
N D E B E H G M L Y B B L K D D D S N D H Z
D D L R I I E A O B E O B R O V M R V - T Y
N R M B E D T S W R C Y E S I G I O S F P G
W X J B F I J H Y K X S T S H M R P L O H U
O A W J G B F I G I S O U G R E R C S - T T
T L D P E F E R O I O G A E K V O N K T B M
Q A R D U K I U N L N C V R T C R O B S T K
Y R D T V Q Q G B L A N K E T Z Q L C E D E
F M U T E Y E L B A T S S C K Q I H O H K F
E G V J K F R T C T O O O S R S H H P C Q C
C R E N G I D H L H L W D V U N J I F O S P
V L T P O H M O R C M H I D R E S S I N G R

ALARM	CLOCK	BEDSIDE
LAMP	BEDSIDE	TABLE
BLANKET	BUNK	BEDS
CHEST-OF-DRAWERS	CLOSET	CLOTHES
HANGER	DOUBLE	BED
DRESSING	GOWN	DRESSING
TABLE	DUVET	MIRROR
NIGHTIE	PAJAMAS	PILLOW
PILLOW	CASE	SINGLE
BED	STOOL	WARDROBE

X V M T C R K S P O F A P A O S K N S Q F R
E P T L G H F X Z A M O T R A I L D U Z Q J
F I O C P C S B G W R I M Q B E M O Y C A L
F G G Z A R S H V K B S N A Z D V W K V T I
H E R T T N T E O T L F T A M A T U N O E U
L R S O O Q A Y L W Y H O A H O T L O E R T
C Z Q W W X J Q V A E E I S I T D T W A N F
L R Z E E X Y L J Q C R L L G A H P R C D A
W X X L L G N A P N K S E A M P V E F R U M
L R X L X E L B V N Q T T D A D P B M O C Y
I Y D E K V G A I W S H S S Q A G U L P M S
A X C J S Z L S T L A H T M P J K N N R Z A
G Q V Q K N C A I I E E O F X X L R J T D R
N F W W F H C U R T A I N W Y U S M S R E J
L F I M I Y K B G K C Z L B E M A W T W I B
J T T X N I R C O U Q Y A R T R E Y O H N Y
Q K M H O U K R X U A B G R H A T H G B K L
H U G O S U Z O O T X P D T S H S W F S W P
B L U H B U X I D R B V O O P M A H S N K K
D A Y I A J R J C U R O M M S F X O Z T W M
X R T C X V W B N H T I N Y U J I I A G T B
T T V H M G Z Z A C N N M T J J B F C K Z Z

BATH	BATH	MAT
COMB	HAIRBRUSH	MIRROR
PLUG	SCALES	SHAMPOO
SHOWER	SHOWER	CURTAIN
SHOWER	GEL	SINK
SOAP	TAP	TOILET
TOILET	PAPER	TOOTH
BRUSH	TOOTHPASTE	TOWEL
TOWEL	RAIL	

```
U  P  P  T                             S  G  D  L
O  L  A  O  K                       E  A  L  P  A
F  N  N  P  X  G                 P  P  U  O  U  C
P  L  A  T  E  V  O           J  A  Y  C  V  C  O
   C  O  U  N  T  E  R        Q  D  N  R  E  E  S
      A  F  R  Y  I  N  G     S  C  A  L  E  S  S
         D  Z  F  I  R  E  H  S  A  W  H  S  I  D
            R  R  I  C  E  S  S  A  L  G  T  V
               A  R  O  T  C  A  R  T  X  E
                  O  K  K  S  F  L  V  H
                  I  B  R  R  C  B  D  L
               T  O  O  P  O  E  R  C  A  W
            C  W  S  U  O  U  U  Z  W  D  K  I
         H  L  S  W  K  H  B  C  F  E  L  O  D  T
      E  Q  I  V  E  O  B     B  O  E  L  K  O  Z
   N  Y  C  Y  R  O  E        M  O  R  A  A  P  P
I  H  S  J  D  D  R           I  D  F  S  X  K  I
Z  N  O  U  N  J              X  K  T  W  G  U
U  O  L  G  Q                 E  E  G  U  M
H  O  F  N                    R  C  R  Y
```

BOWL	COUNTER	TOP
CUP	CUPBOARD	DISHWASHER
EXTRACTOR	HOOD	FOOD
MIXER	FREEZER	FRYING
PAN	GLASS	JUG
KITCHEN	SCALES	LADLE
MUG	PLATE	RICE
COOKER	RUBBER	GLOVES
SAUCE	PAN	SCISSORS
TOASTER		

R V R N E U M A A G B T H V E F D S W O R Z
W S J J T J H M O K Y B T K C Q U U L L X M
A H E S V Z J Q W I N I S J O R W R H C Y F
M X Q O P S J K D H U I J D M F M T Q C H F
J B B S U K P L N V D I F N D N E G T G N D
C P E S Q R O O N L L C N E V O F V O I L R
Y L S D J C N F N A R E T A R G P W F S W T
Y I T P H O Q G N G F Y Y N J V S P N K E Y
Q W H I O B R V M Q E R M D P Z M X T Q T Z
B R L P K S P D R A I N I N G - B O A R D P
U T S T L R N C O F F E E D L N W X C G E I
T C K B O S E N U M S P X I G N K K R O F B
T L H D J Z V V M Y C T N W R E A J B Q Z Y
M R U T C P H Q V O N G O K A V D Y R P I Q
G D U C E V A W O R C I M V J E H G A S V C
Q O J E P F U N N E L K J Z E I D S Z U B N
R M D O Y C T H R R V J K C L S P L V W S G
B A U O C T Q W K Z Z K H T T G C F Y J P N
J T S J U E B N S T Y C T J T H T S A W E V
V E C G A G I A I L Z X X K E R J F V K K L
E V F G U S C E F H X B T Z K B A H N X O B
X V C W O W S N H B F I N P D H B C Y V H L

COFFEE	DEEP	DRAINING-BOARD
FORK	FRIDGE	FUNNEL
GRATER	KETTLE	KNIFE
MICROWAVE	OVEN	SIEVE
SINK	SPONGE	SPOON
STOVE		

```
                A  Q  G
             D  A  A  T  G  O  I  B  B
          H  O  M  B  S  E  G  H  X  F  O  O  L
       D  R  A  O  B  P  I  L  C  H  B  D  O  E  T  Y  C
    A  N  D  O  M  F  T  O  A  I  T  Y  Y  Y  Y  U  B  I  I
 G  C  Q  O  T  O  X  S  Z  F  U  C  K  I  Y  Q  D  D  U  A  D
 R  P  H  F  T  S  X  B  F  H  I  T  N  A  U  R  P  H  Q  A  U
 C  E  E  F  F  R  E  L  P  A  T  S  H  R  E  S  A  R  E  J  W  R  W
 X  E  O  T  G  J  T  B  Y  I  A  B  R  H  H  P  M  Y  Q  U  E  L  P
M  Y  L  K  C  H  M  H  B  O  C  R  E  P  A  P  P  B  P  F  B  B  R  I  P
 F  S  F  C  U  H  G  Z  H  U  O  L  K  O  N  E  R  L  S  B  U  D  G  T  Z
 H  I  X  B  J  N  L  I  S  A  U  K  R  W  N  K  O  N  U  K  I  T  M  O  Y
L  L  X  O  H  Z  C  R  I  L  R  U  K  R  P  W  O  T  R  N  X  X  O  X  U  V  G
S  C  B  P  D  J  M  W  W  C  H  C  E  C  O  L  O  R  E  D  R  G  O  R  X  A  U
Y  F  N  W  F  E  E  P  A  T  N  G  W  Q  G  Z  Y  A  D  J  J  A  J  H  Z  P  L
 H  K  D  L  R  J  R  P  A  Y  E  I  N  Q  N  V  C  L  B  P  V  M  F  S  U
 L  W  M  G  Z  S  B  P  R  N  U  P  H  X  L  K  T  O  X  Z  Q  O  G  L  B
 V  R  D  L  A  C  O  C  A  L  T  R  S  I  W  P  O  F  E  U  D  E  C  U  H
    Y  A  U  F  I  R  E  I  F  Y  D  W  E  T  J  R  Y  H  O  K  I  B  X
    O  R  E  W  S  D  Y  W  A  W  O  W  S  P  Y  C  B  B  I  D  K  U  T
       J  P  A  S  P  J  L  I  U  H  X  N  T  J  P  O  Z  G  O  J  D
       V  A  D  O  T  W  P  U  F  L  G  X  Y  I  O  Y  H  O  K  E  K
          U  B  R  M  N  I  F  O  N  Q  B  W  Q  F  U  B  Y  Y  I
             I  S  C  H  B  A  T  K  J  F  K  Y  P  B  P  W  N
                E  U  E  S  A  C  -  L  I  C  N  E  P
                   K  E  X  V  E  N  F  K  F
                      J  U  Z
```

BOOK	CLIPBOARD	COLORED
PENCILS	ERASER	RUBBER
FOLDER	GLUE	HIGHLIGHTER
NOTEBOOK	PAPER	PEN
PENCIL	PENCIL-CASE	PROTRACTOR
RULER	SCISSORS	STAPLER
TAPE		

S K L W K D R W Z X L A Y J Y R X Y N X N B
E Y X O C D N L Q R K C W N E D G E G O H N
Q P A F M H O P M Y F W A J C K O L D N I L
U N I F O R M L I U O W C X K C J T O V N M
C W Q H O Q T C J D X V N V H H Z E W O Z D
S G V B R J Z B A E H J I O T L S K X J T S
J A C U S K S B E L R A Z C N A O N R S N E
Z Y X J S P E V U N J R H H A Z R I R O S A
E S P L A Y G R O U N D E V T G A Y K G N G
D R P A L D R A O B E T I H W H K W G V I A
R H Q M C A F E T E R I A Z C U H U C M S Z
A S E T J G N I I X P Q L R E H C A E T E T
O S B E R R U X G N A N Q F E S T A G E G P
B C B E E L V R T D D S Z T Y G E P B I D W
K H G K S H X O O H N V B R O A Q W U L H G
C O C E L D S T F T G R H O E B K K B Q Q U
A O U U N W D N D B B A R T C D W W P P E N
L L X B Q Q H E W K C W D I S E T A G M B D
B Y Y D H H W D F D J Z L N O S I B E S Y Q
G G A W K W E U X O K E B A E K K Q D B D W
B Q R C P U R T Y M A I R J H P K H H A V R
T M X E S U W S O R V W J V D N T N L E V Z

ART	BAG	BLACKBOARD
CAFETERIA	CHAIR	CLASSROOM
DESK	GATES	JANITOR
LOCKER	PLAYGROUND	SCHOOL
STAGE	STUDENT	TEACHER
UNIFORM	WHITEBOARD	

P	P	R	A	W	N	S	Z	Y	F	G	Y	G	B	W	C	X	D	A	T	L	F
O	G	F	G	Q	A	K	X	J	I	R	W	V	C	U	C	H	B	A	M	E	B
T	M	H	S	Y	G	D	Z	V	A	O	U	Y	X	F	A	S	U	K	O	C	U
D	X	H	E	T	M	A	C	Y	N	A	G	I	Z	I	O	B	I	M	V	H	P
A	X	C	R	Y	G	C	H	O	C	O	L	A	T	E	Z	G	X	R	A	I	I
O	V	I	M	G	P	M	M	Y	L	M	V	Q	K	B	D	T	K	F	Z	C	H
N	S	W	R	R	J	D	X	T	S	M	J	M	D	B	T	T	F	G	W	K	R
B	B	D	J	L	R	S	T	U	K	M	Y	A	W	R	Y	R	U	E	S	E	W
T	N	N	P	V	O	D	A	I	N	H	Z	S	W	N	B	U	G	F	G	N	Q
H	P	A	U	K	G	N	G	U	X	L	V	F	O	S	U	G	A	R	Z	E	E
N	C	S	G	D	P	B	O	Z	N	Q	B	I	N	J	O	O	L	O	G	K	L
H	D	U	R	D	P	D	R	B	O	C	W	E	U	B	X	Y	C	Q	G	A	Y
K	A	P	P	Q	Y	Y	Y	C	X	X	Z	M	S	A	G	V	T	O	Y	C	X
T	Q	U	W	M	R	P	Y	I	C	C	T	I	P	K	H	O	N	A	G	Y	A
L	O	I	I	E	U	U	W	Z	C	I	K	M	S	V	B	O	A	Y	E	K	L
S	Q	Q	J	P	A	D	S	C	Z	V	E	D	I	P	G	U	N	C	V	M	A
S	R	U	P	Z	X	B	Y	M	O	D	T	Q	R	N	C	R	H	E	I	C	A
R	U	J	Z	T	F	K	L	S	Q	D	M	B	C	F	O	T	M	R	Y	D	W
Q	T	I	H	R	B	R	E	A	D	B	E	G	H	F	O	C	W	W	F	A	M
F	P	Y	I	P	E	K	U	V	I	W	N	F	E	S	A	L	A	D	C	C	D
Z	C	N	I	C	E	-	C	R	E	A	M	A	X	K	R	N	D	B	J	P	H
K	S	E	L	B	A	T	E	G	E	V	L	S	K	N	C	F	L	Q	A	M	S

BACON	BREAD	CAKE
CHICKEN	CHOCOLATE	CRISPS
EGG	FRUIT	HONEY
ICE-CREAM	MEAT	YOGURT
PIZZA	PRAWNS	SALAD
SANDWICH	SOUP	SUGAR
VEGETABLES		

T S T B Y F X A Y R T A W S Q G X S G Q I H
K B F N C Q A V N J G F Q X E J X B G F X M
V B F K R H A R G E S C P X F X U A L U C W
J L C Z D O V C B T P L E I K S E M E M X G
R P G H P N C N J U I C E E D W C I C T N E
N F H D Z K R X T J H W K C T S T N I V W X
C G U R L D D A Z D C E J Q A H L P R R P Y
P Z S X E Y W F J P W H Q P D Z L I K K U J
Q H Q R B C R E G R U B M A H O E O A S E N
C P B P T V R L D U W H P N W F G D O N U T
D T I H B E I O B Y B E S Z R K H Y H N K U
W B M I L K H R X E T Q T I H R E T T U B I
F Z Z T W J E M K T U Y E I F Z M T C M B V
Q O S G C D P D M E F X E K W B Q N U T S B
H R B P S B F A W N A B W O R B G L L E X N
C U B I S C U I T F T A S N G Z B K O G J U
E H N P Q K T O H B E V I F N R H T P A P R
M D E E S G S M W K W M B Y X E A W T S G I
A F D E Z H N Y C J W T I L E T Y R I U I J
M I G N S O B H D I N G U Q O A R D L A K P
G T U T M E V C B F O H C P T W M R E S A B
S A M O H V H F K D I C N A R Z T U X H E F

BISCUIT	BUTTER	CHEESE
CHIPS	CORN	DONUT
FISH	HAMBURGER	HOT
DOG	JUICE	MILK
NUTS	POTATOES	RICE
SAUSAGE	SWEETS	WATER

```
U Y V N S Y U R H N K F R Z P F Z F R X P E
W Q L V Q X Y O Y E Z G J S K A E X X H F S
X B V V S F R L B K G O D R Z R C O T N D O
A V X H K E S Q P C U N M O J S I R F M K O
L J E K X R X K I I H P L A L G G M Y I T G
O E H Q F C F L H H Q A O T I P P F R W U F
P K L V W E F N W C F X V J U H K P E B R L
V R K F B G C J G F T P H M R I M S A L K A
N G L C X Q U N U I Q I I W V S R B A N E M
Z A V A G F Q B W N O Q F G R P C O B M Y B
K B G U V Z H G X F V U J H L Q F S W F U O
D U C K M D E C O X C Q Q C D E W I J M J H
C S V W E O I S M A Z N Q E F Y T B C I E W
I X Z Y P P U P R C T X M H C G I P D Q Y Y
U N V B L Y X Y O O O I D O D U W X T F Y Y
C D P Y O P U R I L H D W J K I T T E N M S
N A M H J G X U T L I T H U Q Z Q A I C V Y
J R J S A C B W D F Q Z P R X K Z D D E M F
N O F W B E O G T C B F S S B X W Z F T U B
S J U X E I C K L K R R W T W L T V O W C B
M R K C S G B D R G S R B I W G H D D Q Z S
A J S V U E K V V Y H R Y Z S F D E X P M W
```

BUFFALO	DOG	GOAT	KITTEN	PUPPY
CHICKEN	DUCK	GOOSE	LAMB	SHEEP
COW	FOAL	HORSE	PIGLET	TURKEY

B A N K R B V K L W P R W I N D M I L L R T
R A M E A Z B A U A V E M X L T I V R C I S
I M W E P C T D L P S P N N K T P I I B M C
Y O V N S I H A U I J A C J S Y H O H D G D
T K H M P U C R H K F R O P Y I G P V J C G
P N D S X E O X V D C C Y X O E W X M C N V
B G O Q E K L H O J J S G G Y Q R S S D V H
D H F S V E M C T I R Y D W H O M D R Z I U
T K F O I C F H X H D K S C T U H B G M S G
L R X A U R I R D Y G S Z P V O C M V B L L
A T Z V X N P G C C P I A R S U O A G V A S
Z J W V B V T L B O D L L R A W A B A U N Y
P Y W G X I V A C E D I S Y R T N U O C D M
J O S K K E W I I C D G S M N O M N X J O S
Y P F E T Y Z R F N W E J F Q O P T P I Q Z
D D I U C K E L V G U S N B O E S Z V U B R
T E M U N M U E S U M U H T J K Y T Q D G L
W P S W T Z U H V Y M O U M L V A V X Y J Z
A G R C L R I J T Y L H T V P C V C O H P D
O A K B I E H P R S Q V K U U I G E D F G Q
V H X H Y T O F G Z Z M D N E X G D P A W R
C N Q R I K Y M B V F L D Z T C T P S A U K

BANK
CITY
COUNTRYSIDE
FOUNTAIN
LIGHTHOUSE
MUSEUM

PALACE
PRISON
SKYSCRAPER
TOWER
WINDMILL

HOSPITAL
HOUSE
HUT
ISLAND

word searches for kids! This book includes nearly 20 word search puzzles with excellent, educational vocabulary word lists suitable for ages 9, 10, 11, 12, 13 and up. With fun illustrations and the ability to photocopy pages for classroom, day care, or homeschool use, this book is sure to be an excellent resource to be used over and over again.

By abo aouab

9 798641 684161